Die wunderbare Welt
der Schöpfung

Jenseits aller
Horizonte

Wolfgang Nicolaus

Aus den Gesprächen mit Engel Jonas

Bibliografische Information der Deutschen
Nationalbibliothek:
Die Deutsche Nationalbibliothek verzeichnet diese Publika-
tion in der Deutschen Nationalbibliografie; detaillierte
bibliografische Daten sind im Internet über http://dnb.dnb.de
abrufbar.

Herstellung und Verlag:
BoD – Books on Demand, Norderstedt

ISBN: 9783757879655

Niemand weiß alles über die Schöpfung

Doch das Bemühen darum
sollte nie aufhören

Inhalt Seite

Inhalt

Inhalt

Vorausgeschickt

Wer ist Jonas

Jonas ist mein übergeordneter Begleiter, Freund und Gesprächspartner aus einer höheren Daseinsebene. Er hilft mir, Lebensbereiche auch weit über die irdische Daseinsebene hinaus zu erforschen. Dabei werden mir viele neue, interessante Sichtweisen aufgezeigt. Wenn Jonas etwas mit mir bespricht, ist seine Antwort schon in meinem Kopf, bevor ich eine Frage zu Ende gebracht habe. Dabei ist er schonungslos offen und gibt Antworten, die mich oft sehr nachdenklich machen. Und das ist gut so, sonst komme ich mit meiner inneren Entwicklung nicht weiter.

Jonas ist viel Freund, wenig Lehrer. Er gibt Anstöße zum Bemühen im irdischen Leben in Ausrichtung auf Werte, die in der geistigen Welt als Existenzgrundlage unabdingbar sind.

Vorausgeschickt

Hinweis

Alles, was hier von Jonas über den Ursprung allen geistigen Lebens offenbart wird, braucht Vertrauen im Glauben, auch weil folgende Informationen weit von dem abweichen, was allgemein über die Schöpfung geschrieben steht. Er gibt hier tiefste Einblicke in eine noch unbekannte Welt.

Wenn hier also ab und an vom Jenseits menschlicher Horizonte gesprochen wird, ist das auch direkt so gemeint.

Kraft der eigenen Entscheidungsfreiheit kann dem Dialog mit Jonas unter diesem Aspekt etwas abgewonnen werden oder nicht. Das bleibt jedem selbst überlassen.

Einführung

Einführung

Wie kann Leben definiert werden?

Ist Leben etwas Geistiges, oder muss immer ein Körper daran gebunden sein? Und wenn ja, warum? Ist es dann getrennt voneinander oder vereint agierend? Muss es immer so sein, wie Menschen es sich vorstellen?

Würde es im physischen Sinne immer aussehen wie Menschen? Ist anderes Leben bereits unter, oder um uns und nur nicht sichtbar für unsere Augen? Sehen sie möglicherweise aus wie eine Amöbe, der aus menschlicher Sicht kein Leben an sich zugetraut wird? Oder sind sie Maschinen mit künstlicher Intelligenz?

Und gehört eine Seele dazu? Hat diese darüber hinaus auch noch einen geistigen Anteil? Bräuchten „die Anderen" das vielleicht auch?

Einführung

Menschen gehen in diesen Fragen wohl noch sehr naiv und hauptsächlich von ihrer eigenen Existenzebene aus. Hier wird schnell klar, was eine begrenzte Kapazität ist.

Wie überheblich zu meinen, dass der Mensch die Krone der Schöpfung sein soll. Aber das ist nur meine persönliche Meinung als Autor.

Dazu muss also genau definiert werden, ab wann Leben als Solches bezeichnet werden kann, und welche Sichtweise dem zugrunde gelegt wird.

Vielleicht sollten Menschen grundsätzlich nicht beurteilen, was Leben eigentlich ausmacht.

Einführung

Das Thema hier ist unsere aktuelle Schöpfungsge-
schichte, die ihre Wurzeln im Urgrund hat. Was
vorherige Schöpfungsumläufe beinhaltet haben,
entzieht sich den Augen aller aus dem aktuellen
Umlauf. Es kann ähnlich wie dieser, oder ganz anders gewesen sein. Zukünftige Schöpfungsumläufe
möchte ich hier gar nicht ansprechen, denn dorthin
kann niemand schauen.

Das könnte denen Angst machen, die überzeugt
sind, dass Menschen die Krone der Schöpfung auf
ihrem Haupte tragen. Die, die sich mit dem Gedanken anfreunden können, zu etwas Gigantischem zu
gehören, bleiben gelassener.

Mit Wissenschaft hat das alles hier nichts zu tun.
Es gilt zu glauben, was Jonas vermittelt. Wenn es
nicht angenommen werden kann, ist es auch ok.
Jeder darf seinen freien Willen anwenden und auch
das Ganze hier ablehnen.

Wie agiert Leben

In der geistigen Existenz gibt es kein Sterben. Dort geht der kleinere Geist in den nächsthöheren Geist auf, angefangen vom Menschen bis in die höchste Energieform des Lichtes, weil auch jeder Mensch mit Geist und Lichtanteilen ausgestattet ist. In der Welt der Materie unseres sichtbaren Himmels ist das also entsprechend. Das kleinere Wesen geht in das höhere Wesen auf. Sterben ist nur dem Menschen gegeben, und bedeutet ausschließlich das Ablegen eines physischen Körpers. Der Kern eines jeden Wesens ist Licht und hat die Fähigkeit bis nach „ganz oben" zu gelangen. Aber immer nur durch die nächsthöheren Wesenheiten.

Dazu gibt es einen treffenden Bibelhinweis:
„Du kommst zum Vater nur durch mich."

Johannes 14:6

Einführung

Wissen ist Macht - haste gedacht

Forschungsdrang ist ein grundsätzlicher Antrieb geistiger Existenz. Auch das Licht trägt diesen Forscherdrang in sich.

Für Menschen würde die Begrenzung auf ein angemessenes Level der eigenen Kapazität ein zielgerichteteres Forschen ermöglichen, als ungezügelt Wissen anzuhäufen und sich anzumaßen Gott zu spielen. Man nennt dies auch Überheblichkeit.

Damit wird auch verständlicher, dass jegliche Entwicklung in den Abstufungen der großen Lebensbühne im Schöpfungsumlauf des Lichtes viele Milliarden Jahre in Anspruch nimmt. Es wird nichts unter Zeitdruck gemacht. Ungeduld ist in der Schöpfung keine Option.

Einführung

Übergeordnetes Betrachten ist hilfreich

Das hier Betrachtete wird von *oben* gesehen dargestellt, also vom Urgrund beginnend abwärts. Abwärts deshalb, weil es in immer kleiner werdende Einheiten geht.

Menschen sehen ausschließlich von unten nach oben. Also vom Mensch-Sein zum Himmel hinauf. Somit ist die Standpunktfrage elementar, um ein übersichtliches Verständnis zu entwickeln.

Alle Informationen in diesem Buch sind eher für fortgeschrittene Seelen. Das ist nicht als Abwertung gemeint, sondern soll zur Geduld und aktivem Bemühen aufrufen, den eigenen Weg stetig zu vervollkommnen und neugierig zu bleiben.

Alles braucht seine Zeit und irgendwann kommt der Aha-Effekt zum Verstehen des Ganzen.

Teil 1 der großen Bühne des Lebens

Urmeer / Urgrund

Die Heimat absoluter, bedingungsloser Liebe
und des Lichtes

Licht

Die Gezeiten des Lichtes
Entstehung ersten Bewusstseins
Zusammenschluss zu gültigen, bestimmenden Bewusstseinsketten
Die Idee eines Schöpfungsumlaufes als Selbsterfahrung und Bewährungsweg

Allvater

Erste Wesenheit in Vollkommenheit,
ausgegliedert aus dem hohen Bewusstsein des Urmeeres

Die Allvatersöhne

Die vier Söhne Allvaters = zwei Dualpaare
Die Söhne in ihrem Wirken

Gründung Schöpfungsumlauf

Die Schaffung des großen Umlaufes durch Allvater

Aus dem
Gespräch mit Jonas

Das Gespräch mit Jonas

„Guten Morgen Jonas."

„Guten Morgen, mein Freund auf der Erde."

„Einige Intensivleser meiner Bücher baten mich, dass du detaillierter auf die große Bühne des Lebens eingehst. Bist du damit einverstanden?"

„Du weißt, dass dies sehr große Bereiche umspannt. Diese übergreifend zu erfassen, braucht Jahrzehnte. Ich gehe also davon aus das dir bewusst ist, wie schwierig es wird, alles an sogenannte Unbedarfte zu vermitteln, für die das Thema noch Neuland ist. Du hast auch lange gebraucht, bis du die vielen Puzzleteile übersichtlich zusammensetzen konntest.

Das Gespräch mit Jonas

Das eine oder andere Mal hast du auch daran schier verzweifelt, weil dir klar wurde, dass es für einen Menschen niemals vollständig erfassbar sein wird."

„Oh ja, das weiß ich."

„Heute bist du viel aufnahmebereiter und suchst nicht mehr haarspaltend nach Erklärungen von Einzelheiten. Das ist ein großer Unterschied."

„Das, was du hier so detailliert erklärst, wird bestimmt nicht ohne Widerspruch so einfach akzeptiert werden, Jonas."

„Mach dir das etwas aus?"

„Nein. Dann starten wir doch bitte gleich beim Urgrund."

Der Urgrund

Der Urgrund

Wo alles beginnt

„Gleich mal vorneweg, mein Lieber. Das, was begrifflich als Urgrund bezeichnet wird, ist nicht ergründbar im Sinne eines Raumes für einen Inhalt, egal welche Bedeutung dieser Inhalt auch haben mag. Trenne dich von der Vorstellung eines Raumes, wenn es um den Urgrund geht."

„Damit kann ich arbeiten, denn inzwischen ist mir das nicht mehr wichtig. Ich sage fortan: Der Urgrund ist Heimat der absoluten Liebe und des Lichtes."

„Eine gute Entscheidung. Es ist nicht erforderlich in jede kleinste Ritze des Wissens vorzustoßen. Das lenkt vom Weg ab und könnte insgesamt schnell in große Verwirrung führen.

Der Urgrund

Lass dir übergreifend sagen, dass der Urgrund von Menschen überwiegend mit dem Begriff Unendlichkeit beschrieben wird. Es kommt auch oft die Bezeichnung Urmeer vor. Es schadet nicht, wenn wir bei diesen Begrifflichkeiten bleiben.

Doch zur genaueren Definition: Der Urgrund ist Heimat absoluter Liebe. Sie existiert schon vor den, sich bewusstwerdenden, Lichtanteilchen. Das Licht an sich nimmt diese Liebesfähigkeit des Urgrundes langsam in sich auf, wenn es sich in eine beginnende Form von Bewusstsein festigt.

Vorher sind die vielen, einzelnen Lichtanteilchen in der Liebe des Urgrundes nur eingebettet und der Liebe noch nicht habhaft."

Der Urgrund

„Die berühmte Frage nach dem Ei und der Henne:
Wer war zuerst da. Das wäre dann klar."

„Richtig. Das Licht ist erst später mit dieser
Liebe verbunden. Das Licht trägt die Liebe
dann in den Schöpfungsumlauf.

Nochmals: Die Liebe hat ihre Heimat im Urgrund. Licht ist darin in seiner ruhenden
Phase eingebettet und nimmt sie langsam
mit dem Erwachen des Bewusstseins in sich
auf.

Das verstärkt sich bis zur vollständigen
Aufnahme dieser Liebe im hohen Bewusstsein. Im Schöpfungsumlauf ist das Licht
als Träger der Liebe in der Lage diese zu
verströmen und sich in Geistwesen bis hin
zum Menschen damit auszudrücken."

Der Urgrund

Der Urgrund als Ursprung von was?

„Dem Urgrund entspringt alles Bewusstsein, alles geistige Leben, alle nichtgeistigen Wesen in den planetarischen Bereichen (Tiere etc.), und die Grundelemente, die später zur Materie als Baustoff für den Himmel umgewandelt werden."

„Wie kann ich mir den Urgrund vorstellen. Kann man das bildlich darstellen?"

„Wie eben erklärt, folgt der Urgrund keiner wissenschaftlicher Beweisbarkeit. Somit bleiben bildliche Vorstellungen spekulativ.

Du hast in deinem Film bildlich etwas zu fassen versucht. Ich denke, dass diese Darstellung dem Urgrund recht nahekommt. Aber auch das bleibt deine Vorstellung."

Der Urgrund

„Der Urgrund wird sehr oft als Unendlichkeit bezeichnet. Unendlichkeit kann sich jedoch kein
Mensch wirklich vorstellen, Jonas. Viele sprechen
jedoch davon mit einer Selbstverständlichkeit, als
seien sie sich sicher zu wissen, was Unendlichkeit
ist."

„Das ist mir wohl bewusst. Jetzt wird dir
wohl klar, wie schwer es für dich wird, solches Wissen zu vermitteln. Willst du den
Urgrund räumlich darstellen, wäre das
falsch. Aber wie willst du Unendlichkeit beschreiben?

Also lass es besser, darüber zu diskutieren.
Es wäre nicht zielführend."

Der Urgrund

„Ich sehe, dass die Begrenztheit unseres menschlichen Denkens niemals eine Antwort finden wird."

„Richtig. Ob es in diesem Sinne eine Endlichkeit oder Unendlichkeit gibt, ist irrelevant. Konzentriere dich darauf, was ich an Wissen preisgebe. Das Grübeln um Details behindert durch Verharren in unwichtigen Einzelheiten nur. Menschen nennen das auch verzetteln.

Folgendes ist wichtig: Der Urgrund ist die Heimat liebevoller Geborgenheit, Heimat des Lichtes und aller Elemente, die später in Form von Materie als Baustoff des Himmels dient."

Der Urgrund

Ist der Urgrund leer?

„Nein. Er ist voller liebevoller Energie und ungeordneten Informationen. Menschliche Augen könnten das gar nicht wahrnehmen."

„Wie kann ich mir das vorstellen?"

„Diese Informationen in Form von Energie sind gestaltlos und haben noch keine Struktur. Die Informationen sind im Urgrund frei verfügbar. Sofern die ruhenden Lichtanteilchen erwachen, nehmen sie diese Informationen in sich auf."

„Ist damit der Urgrund an sich kein Leben, sondern eine Heimat für das Leben?"

Der Urgrund

„Ja. Das Licht *startet* sozusagen das Leben. Aber kommen wir nun direkt zum Licht, welches über seinen langen Weg eine eigene Ordnung entwickelt. Und dazu braucht es die Liebe des Urgrundes."

Das Licht

Das Licht

Das Sein des Lichtes im Urgrund

„Der Urgrund ist erfüllt von Licht in seiner feinsten Grundform, den sogenannten Lichtanteilchen.

Licht ist Grundlage für alles lebendige Sein, für Bewusstsein, Ideenreichtum, Liebe, Wahrheit, Klarheit, Schönheit und Freude bis hin zum Menschen."

„Etwas sehr Umfassendes also."

„Ja. Licht braucht keinen Anstoß von außen. Es ist in sich selbst Gesetz. Es ist Existenz, die sich immer wieder aus sich selbst heraus entfaltet. Damit geht das Licht in Zyklen in die Erfahrung durch Wesenheiten (im späteren Schöpfungsumlauf), und so in eine erweiterte Lebensform."

Das Licht

Wird Licht geboren?

„Nein. Wie gesagt, Licht hat keinen Beginn. Es existiert in verschiedenen Spannungszuständen. Ob Licht grundsätzlich einmal selbst einen Anfang hatte oder schon immer da war, ist nicht ergründbar. Menschen sagen gerne, es war schon immer da. Sie legen dabei den Begriff Unendlichkeit an. Dabei können wir vorläufig bleiben.

Licht verbraucht sich nicht, stirbt also nicht und wird folglich auch nicht geboren. Aber es verausgabt sich während des Schöpfungsumlaufes, ermüdet dadurch, und benötigt eine Regeneration. Dazu geht es von Zeit zu Zeit in eine ruhende Phase.

Von dieser Ruhephase gehe ich ab hier in meinen Beschreibungen aus.“

Das Licht

„Dann geht es wieder in eine aktive Phase, und wieder zurück, oder wie kann ich das verstehen?"

„Genau. Ein Kreislauf inaktiver und aktiver Lebensabschnitte. Das alles geschieht in einem Zeitraum von ca. 50 Billionen Jahren. Stell dir dazu die bekannte, liegende Acht vor (Die Unendlichkeitsschleife). Sie bezeichnet gut verständlich einen, sich immer wiederholenden, zyklischen Kreislauf."

„Licht hat keinen Körper, aber wie existiert es dann?"

„Licht kann als Energieform höchster Güte beschrieben werden. Es ist in kaum vorstellbaren Mengen vieler, winziger Lichtanteilchen existent, und wird sich langsam zum voll gültigen Bewusstsein entwickeln."

Das Licht

„So wie die Zellen eines Menschen einen ganzen Körper ausmachen?"

„Das ist zwar weit hergeholt, aber wenn es deinem Verständnis dient, lasse ich das so stehen."

„Warum ruht das Licht so lange?"

„Licht ruht aus einem vorangegangenen Schöpfungsumlauf. Es ist müde. Die Strahlkraft ist erschöpft. Das Licht muss, wie Menschen hier sagen würden, gründlich ausschlafen."

„Jonas, deine Worte belustigen mich."

„Ich versuche nur mich verständlich auszudrücken."

Das Licht

Die Liebe kostet Kraft

„Ja, ich weiß. Die Liebe ist anstrengend."

„Nun, die irdische Liebe ist hier kein Vergleich. Die Liebe des Urgrundes und später des Lichtes ist Grundlage allen geistigen Lebens. Hat also eine viel umfassendere Bedeutung als die menschliche Liebe. Das Licht und der nachfolgende Geist könnten ohne diese Liebe nicht existieren, wie ein Automotor nicht ohne Öl laufen würde. Oder wie ein Haus nicht ohne Fundament auskommt. Dieses Fundament muss auch erst einmal entstehen. Das allein schon ist sehr kräftezehrend."

„Der Ruhezustand der Lichtanteilchen dauert also 10 Billionen Jahre, und ist ein langes Ausschlafen.

Das Licht

Du sagtest auch, das kann zeitlich variieren. Warum?"

„Es kommt darauf an, mit wie viel Strahlkraft das Licht aus einem vorangegangenen Schöpfungsumlauf in den Urgrund heimkehrt. Wenn zum Beispiel ein Umlauf nicht die gesteckten Ziele erreicht hat, ermüdet das Licht mehr als aus einem Umlauf, der mit viel Kraft in sich gelebt hat. Schwierige Umläufe zerren auch am Licht."

„Das leuchtet ein, Jonas. Wer steckt die Ziele?"

„Die Wesenheiten des vergangenen Schöpfungsumlaufes sind maßgeblich daran beteiligt und setzen die Ziele immer wieder neu an."

Das Licht

„Sind die Schöpfungsumläufe in etwa gleich?"

„Kaum. Du meinst, ob es in einem früheren Umlauf auch Menschen gab?"

„Ja, das meine ich."

„Menschen gibt es im derzeitigen Umlauf. Ob es in einem vorhergehenden Umlauf auch Menschen in dieser Form gab, wird niemand erfahren."

„Das finde ich schade."

„Was würde das Wissen darum nützen?"

„Eigentlich nichts."

„Genau. Schuster, bleib bei deinen Leisten! Du hast hier schon genug zu erkunden."

Die Gezeiten des Lichtes

Die Gezeiten des Lichtes

Die Spannungsformen

„Übergreifend gesehen geht es aus der tiefsten Entspannung in die Anspannung. Die Anspannung entspricht der aktiven Phase des Lichtes."

„Kannst du das konkretisieren?"

„Die Spannungsformen gliedern sich:
von der lockeren Phase - das Fühlen,
in die elastische Phase - das Denken,
in die straffe Phase - das Wollen,
und wieder zurück in die Entspannung.

Jede Spannungsphase bildet eine wichtige Basis, die sich nur im Ausgleich dieser drei Spannungsformen zum vollen Bewusstsein entfalten kann.

Die Ruhephase

Wie schon gesagt, die Energie des Lichtes verströmt und erschöpft sich während eines Schöpfungsumlaufs. Damit verliert es zwar keine Substanz, aber es verausgabt sich und wird diffus. Die Strahlkraft lässt nach."

„Welche Aufgabe haben die Lichtanteilchen während der Erholungsphase?"

„Sich ausschließlich zu generieren. Menschen sagen dazu erholen. Urlaub machen. Relaxen. Kraft schöpfen und so weiter. Das Fühlen bleibt als einziges präsent. Das ist so nur möglich, weil die große Liebe des Urgrundes eine absolute Geborgenheit auszustrahlen vermag.

Die Gezeiten des Lichtes

Wenn du als Mensch in der Entspannung bist, dann ist das Fühlen auch bei dir nicht abgeschaltet. Du kannst mindestens fühlen, dass du existent bist. Du fühlst zum Beispiel wie die Kraft in einer Entspannungsphase zurückkommt. Genauso ist es bei den Lichtanteilchen. Diese Entspannungsphase mündet nach etwa 10 Billionen Jahren in ein langsames Erwachen."

„Bewegen sich die kleinsten Anteile des Lichtes im Urgrund ohne Funktion frei herum?"

„Eine Funktion haben Sie noch nicht. Doch die grundsätzlichen Spannungsformen liegen in ihnen allen verankert, kommen allerdings erst nacheinander zum Tragen."

Die Wichtigkeit des Fühlens

„Ist das Fühlen eine wichtige Spannungsform?"

„Ja. Deshalb sei sie hier besonders erwähnt. Sie ist eine Spannungsform für alles, was in der Liebe angesiedelt ist. So sind die Lichtanteilchen im Urgrund in dessen Liebe eingebettet, schon wenn sie sich in die Ruhe begeben und dort während der Ruhephase in ihr verbleiben. Das Fühlen ist immer aktiv, während die beiden anderen Spannungsformen inaktiv sind."

„Was macht diese Spannungsform noch aus?"

„Es ist ohne Wollen, ohne Entscheidung, ohne Urteil. Fühlen stellt etwas fest und entwickelt daraus Bedürfnisse.

Die Gezeiten des Lichtes

Das Denken und das Wollen bewerten die Bedürfnisse und setzen sie gegebenenfalls in die Tat um."

„Aber warum sind die Spannungsformen Denken und Wollen nicht auch hier präsent? Sie könnten doch schon eine gewisse Ordnung gewährleisten, oder? Das würde die Zeit besser nutzen."

„Nur im Fühlen kann es Entspannung geben. Alles andere, also das Denken und Wollen, sind Zustände der Anspannung. Das Fühlen kommt immer zuerst. Folglich hat das Fühlen auch Relevanz im entspannten Zustand, denn es agiert nicht direkt, sondern erst in Verbindung mit dem Denken und Wollen. Das Agieren in der Entspannung ist noch nicht gefordert. Das kommt später in der aktiven Phase des Lichtes."

Die Aufwachphase

„Aufwachphase hört sich so irdisch an, Jonas."

„Es ist ein Vergleich zum besseren Verständnis, mehr nicht."

„Wie läuft diese Aufwachphase ab?"

„Die einzelnen Lichtanteilchen werden unruhig und beginnen suchend zu wandern."

„Was tut sich dabei?"

„Das stille Schweben im Urgrund wird langsam abgelöst von Neugier an anderen Lichtanteilchen. Sie schauen sich um, würden Menschen sagen."

Die Bewusstseinsbildung

Die Bewusstseinsbildung

„Ich bin"

„Das grundlegende Ego, also das Empfinden *ICH BIN*, entsteht schon während der ersten Berührungen einzelner Lichtanteilchen, wenn sie sich auf ihrer Wanderschaft begegnen."

„So als wenn man in einen Spiegel schaut und sich als sich selbst erkennt? Ist das der Punkt, an dem Bewusstsein entsteht?"

„Es ist ein erstes, grundlegendes Bewusstsein über die eigene Existenz. Mehr ist das noch nicht. Weiteres läuft in Stufen ab und unterliegt einem langen Wachstumsprozess."

Die Bewusstseinsbildung

Die kleinen Bewusstseinsketten

„Ist das ein zufälliger Zusammenschluss?"

> „Sozusagen. Es bilden sich kleine, große und größere Gruppen, zunächst mit ähnlich gelagerten Spannungszuständen."

„Sie könnten sich doch schon besser ausrichten, oder?"

> „Was bedeutet besser? In den kleinen Gruppierungen herrscht ein nestähnlicher Ausgleich. Kollektive Harmonie ist das noch nicht."

„Wie geht es weiter?"

Die Bewusstseinsbildung

„Sie trennen sich wieder und schließen sich mit anderen, nun passenderen Eigenschaften, zusammen."

„Es wird also immer größer. Steigt damit auch das Bewusstsein an sich?"

„Ja, es wächst."

„In der Menge, oder in der Qualität?"

„Beides. Das geht Hand in Hand. Natürlich gibt es da auch noch Unausgeglichenheit. Aber das legt sich von Mal zu Mal, wenn immer passendere zum Zusammenschluss kommen."

Die Bewusstseinsbildung

Die größeren Bewusstseinsketten

„Das in der Wanderschaftsphase erworbene *ICH BIN* führt zu: Wir werden das große Eine."

„Gibt es dabei nicht ein Gerangel um die Macht?"

„Ich muss hier einmal lachen. Licht strebt nie nach Macht. Licht ist die reinste Form der Liebe und verströmt sich ohne jegliche Erwartung in Liebe. Licht kennt Ego zwar als Existenzerkenntnis, aber nicht in der von dir hier gemeinten, negativen Form des Egos."

„Es ist beruhigend, dass hier kein Machtstreben im Spiel ist."

Die Bewusstseinsbildung

„Absolut. Alles andere, auch Machtstreben kommt aus ungenügendem Ausgleich und noch fehlender Ausrichtung zur Schöpfung an sich."

„Warum ist der Ausgleich so wichtig?"

„Weise Entscheidungen können für eine Gemeinschaft nur im Ausgleich getroffen werden, da es auch große Verantwortung mit sich bringt."

„Sind damit alle einverstanden?"

„Ja, denn die ganz großen Bewusstseinsketten sind für alles entscheidungsfähig und auch willig, dafür jegliche Verantwortung zu übernehmen."

Die Bewusstseinsbildung

„Unter einem kollektiven Bewusstsein verstehe ich aber mehr."

„Richtig. Die spätere, größte Bewusstseinskette übernimmt die Führung. Das wolltest du doch wissen, oder?"

„Genau. Ist sie dann eine Art Kontrollinstanz?"

„Ja. Erst diese kann ausgesendete Strahlung, also das Verströmen in Liebe, bemessen, beurteilen und angemessen dosieren. Doch nur in der jeweils gegenwärtigen Qualität. Nicht in der Vorausschau."

„Niemand kann in die Zukunft schauen. Das Licht also auch nicht."

Die Bewusstseinsbildung

„Das Licht in der Eigenschaft als größte Bewusstseinskette kann sehr weit vorausschauend planen. Die Zukunft vorhersagen kann es aber auch nicht.

Alle Vorstellungen von geplanten Wegen sind niemals als linear anzusehen. Nach dem Motto: Wie geplant, so kommt es auch. Nichts ist in Absolutheit planbar, denn verschiedene Einflüsse auf dem Weg werden immer Abweichendes hervorbringen."

„Also bleibt die Zukunft, von verschiedenen Einflüssen abhängig, offen?"

„Ja. Auch der Zufall spielt eine Rolle. Nicht alles ist durchplanbar. Auch von sehr weisen Bewusstseinsketten nicht."

Die Bewusstseinsbildung

„Könnte man das weitläufig als Risiko des For-
schens bezeichnen?"

„Ein interessanter Denkansatz!"

Die Bewusstseinsbildung

Gültige Bewusstseinsketten

„Unter Gültigkeit wird die, von allen anderen, kleineren Bewusstseinsketten anerkannte, Entscheidungsfähigkeit für das Ganze verstanden. Das steht absolut außer Frage."

„Was ist dabei maßgeblich?"

„Entscheidungsfähigkeit ist nicht als solche wichtig. Die hätten auch kleinere Bewusstseinsketten. Die damit einhergehende Verantwortung ist entscheidend."

Die Bewusstseinsbildung

Entwicklung der Lebensprinzipien

„Gültige Bewusstseinsketten verkörpern strukturelles Sein."

„Also können Gesetzmäßigkeiten nur aus einer gewissen Ordnung erwachsen?"

„Nun, es wird dir einleuchten, das aus Chaos keine Gesetzmäßigkeiten entwickelt werden können. Eine Ordnung ist Voraussetzung."

„Was meinst du mit Gesetzmäßigkeiten und Lebensprinzipien. Ist da ein Unterschied?"

„Ja. Prinzipien sind erste Gedanken und Empfehlungen. Sie müssen sich erst bewähren, bevor sie in Gesetzmäßigkeiten münden."

Die Bewusstseinsbildung

Der Forscherdrang

„Woher kommt dieses Bedürfnis?"

„Licht will sich in Liebe verströmen und sich selbst darin erfahren. Das ist ihr eigentlicher Antrieb zum Forschen."

„Was hat diese Forschung zum Ziel?"

„In sich selbst hat Licht zunächst keine weiteren Erfahrungen als das *ICH BIN*. Es würde damit nur um sich selbst kreisen. Also muss es nach außen gehen. Das tut es im Schöpfungsumlauf, wenn es durch die Wesenheiten Erfahrungen aufnimmt."

„Das ist auch bei den Menschen so. Jegliches Forschen ist Lernen um die eigene Existenz."

Die Bewusstseinsbildung

Der Bewährungsgang des Lichtes

„Was ist genau damit gemeint?"

„Das Licht ist reinste Energie. Diese strahlt über das Verströmen absolute Liebe aus. Jede einzelne Wesenheit empfängt diese Liebe und setzt sie in der eigenen Existenz, eingebettet im freien Willen, um. Das geschieht in Abhängigkeit des jeweiligen, individuellen Entwicklungsgrades."

„Ich denke, dass der jeweilige Entwicklungsstand sehr unterschiedlich ist?"

„Ja. Und das macht das Nichtplanbare aus. Denn der freie Wille ist gepaart mit Unerfahrenheit. Das ist besser formuliert mit dem Begriff des Unvermögens."

Die Bewusstseinsbildung

„Und daraus entsteht destruktives Verhalten?"

„Kann, muss aber nicht."

„Was hat der Bewährungsgang des Lichtes damit zu tun?"

„Das Licht nimmt alles erst einmal als Erfahrung in sich auf. Negatives wie Positives. Eine Beurteilung wird das Licht erst erfahren, wenn die Rückkehr in den Urgrund erfolgt. Die Beurteilung führt Allvater durch."

„Was geschieht dann mit den sogenannten diffusen Lichtanteilchen?"

„Ihnen wird der sogenannte Lebensnerv entzogen. Dieser wird für einen neuen Umlauf aufbewahrt.

Die Bewusstseinsbildung

Sie werden damit zu den Elementen, die den Baustoff eines späteren Umlaufes ausmachen. Du siehst, nichts geht verloren. Auch nicht das, was als unrein bezeichnet werden könnte.

Das Wirken eines jeden einzelnen Wesens im Schöpfungsumlauf entscheidet durch sein Handeln mit, wie das Licht in den Urgrund zurückkehrt. Ob mit voller Strahlkraft oder diffus, weil es sich zu sehr verausgabt hat."

„Somit ist jedes Wesen mitverantwortlich, wie sich das Licht bewährt?"

„Ja. Das ist das Gesetz der Resonanz."

Die erste Schöpfung

Die erste Schöpfung

Allvater als oberster Geist

„Allvater entspringt entscheidungsfähigem Bewusstsein, welches im Urmeer bereits aktiv ist. Allvater wird von der größten Bewusstseinskette geschaffen (ausgegliedert).

Der Urgeist (Allvater) ist am Anfang aller Zeiten die erste Ausgliederung aus reinem, vollkommenem Bewusstsein, noch bevor der große Umlauf des Lichtes gegründet ist.

Der Urgeist wird folgend als ALLVATER bezeichnet. Allvater ist als erste, vollkommene Gottheit einstufbar. Er gründet den Himmel und den darin eingebetteten Schöpfungsumlauf."

Die erste Schöpfung

„Ist das der Gott, den Menschen zum Beispiel im Christentum anbeten?"

„Nein. Allvater hat eine übergeordnete Funktion. Diese wird er außerhalb des Himmels beibehalten, bis er alles in den Urgrund zurückführt.

Unser Gott (wir meinen damit den Jesus Christus Schöpfervater), ist im späteren Schöpfungsumlauf des Lichtes eingebettet, leitet diesen Umlauf im Sinne der allumfassenden Liebe.

Christus-Schöpfervater ist einer der vier direkten Söhne Allvaters."

Allvaters Söhne

Die Schöpfungen Allvaters

Seine vier Söhne

„Allvater hat 4 Söhne ausgegliedert."

„Wie kann ich den Begriff ausgegliedert verstehen?"

„Nun, geistige Sohn-Schöpfung ist mit einem Geburtsvorgang nicht vergleichbar. Geboren werden Wesen, wie Menschen. Dazu ist eine Zweigeschlechtlichkeit nötig. In der geistigen Welt ist dieser Vorgang so nicht möglich. Der Schöpfende Geist gibt etwas von sich ab. Das ist Ausgliederung."

„Diese 4 Söhne Allvaters tun was?"

„Die ersten beiden Söhne gehen Wege, die uns allen verborgen bleiben. Nur Allvater kennt diese Wege."

Die Schöpfungen Allvaters

„Und die beiden anderen Söhne?"

„Der dritte Sohn ist Christus-Schöpfer-Vater, also der Vater von Jesus Christus."

„Das ist unser Gott?"

„Zur Verdeutlichung: Allvater ist, und bleibt, außerhalb unseres Himmels. Der von ihm geschaffene Himmel ist ein abgesteckter Raum im Urgrund. In diesem findet der Schöpfungsumlauf des Lichtes statt. Dieser Umlauf wird von unserem Gott Christus-Schöpfer-Vater überwacht.

Er ist die höchste Instanz im Himmel und im darin stattfindenden Umlauf des Lichtes."

Die Schöpfungen Allvaters

Jesus-Christus-Schöpfervater

„Er verantwortet den gesamten Umlauf des Lichtes, aller Schöpfergeister und Wesenheiten bis hin zum Menschen."

„Ich dachte immer, dieser Gott sei die absolut höchste Instanz. Das vor ihm noch eine andere, ich sage mal, geistige Kapazität existiert und auch agiert, erstaunt mich schon. Das habe ich so noch nie gehört, Jonas."

„Das ist nicht nur für dich Neuland."

„Nun, ich weiß ja, dass du mir keinen Unfug erzählst.

Die Schöpfungen Allvaters

Aber andere Menschen, und besonders solche, die festgefügt in ihrem bisherigen Wissen sind, werden das vermutlich dementieren."

„Das weiß ich wohl, mein Freund. Sie müssen nicht glauben, was ich dir hier an Wissen vermittle. Warum aber sollte ich an dieser Stelle eine Lüge verbreiten? Es gibt keinen Grund dafür."

„Und es ist ja auch schlüssig erklärt. Ich denke, dass eine eventuelle Ablehnung zu einer höheren Instanz, als unser Gott innehat, gar nicht bösartig geschieht, sondern aus dem Unwillen, Neues zu betrachten."

„Richtig. Genau dieses Problem hast du mit deinem Beispiel: Glas und Wasser aufgezeigt.

Die Schöpfungen Allvaters

Das darin enthaltene Wasser verkörpert das Wissen. Das Glas ist voll mit Wissen. Da geht nichts Neues mehr hinein. Dann gießt du dieses Wasser, also das Wissen, aus. Das Glas ist jetzt leer."

„Genau. Damit wird klar, das neues Wissen nun hineinkann. So einfach ist das erklärt."

„Damit muss allerdings nicht das uneingeschränkte Annehmen des Neuen einhergehen."

„Du sprichst hier den freien Willen an, Jonas."

„Gut aufgepasst. Ja, das ist richtig. Ich biete etwas an. Die Entscheidung, ob es annehmbar ist, bleibt jedem selbst überlassen."

Jesus Christus,
Sohn vom Christus-Schöpfer-Vater

„Du hast im Film angesprochen, dass der Sohn von Christus-Schöpfer-Vater so vollkommen ist wie sein Vater. Dem widerspricht die Tatsache, dass ein Schöpfender immer nur kleiner schöpfen kann als die eigene Kapazität abbildet."

> „Jesus Christus ist während der Gründung des Himmels ausgegliedert worden. Also kurz vor dem Umlauf des Lichtes, welcher schon in einer Welt der Materie stattfindet."

„Leitet sich die Vollkommenheit von Jesus Christus davon ab?"

> „Ja, denn der Unterschied zu einer kleineren Kapazität ist in diesem Falle verschwindend klein."

Die Schöpfungen Allvaters

„Müsste man nicht dennoch von *fast vollkommen* sprechen?"

„Du spaltest Haare, mein Lieber."

„Nein ich will es nur genau wissen."

„Jesus Christus ist auch fast vollkommen in der Lage, mit seinem Vater in voller Übereinstimmung die unermesslich große Liebe an alle Ausgliederungen in Wesenheiten zu steuern."

„Hat Jesus Christus jemals Bekanntschaft mit der dichten Welt gemacht?"

„Er kennt diese Welt genau, weil er besonders für die Menschheit im sogenannten Erlösungswerk vollen Einsatz bringt.

Die Schöpfungen Allvaters

Das ist es, was sein Wirken so schwer macht, denn Luzifer und sein Sohn Satan treten immer wieder als seine Widersacher an.“

Luzifer

„Luzifer ist, wie Christus-Schöpfer-Vater ein Sohn Allvaters."

„Hat er dieselbe Kapazität wie Christus-Schöpfer-Vater?"

„Ja. Beide sind auf derselben Kapazitätsebene, und somit gleichwertige Söhne."

„Warum ist Luzifer so in Verruf geraten?"

„Das war nicht von Anfang an so. Luzifer hatte eine wichtige Sache für den Himmel in Angriff genommen. Er wollte herausfinden, wie viele Lichtanteile in einem Wesen noch ausreichen, Gott aus eigenem Antrieb und freiem Wollen zu finden."

Die Schöpfungen Allvaters

„Hat er es herausgefunden?"

„Ja, das hat er. Die *Grenze* liegt bei 900 Lichtanteilchen eines jeden Wesens. Darunter geht es nicht mehr."

„Warum war ihm das so wichtig?"

„Der Schöpfungsumlauf hat eine Gesamtdauer von etwa 40 Billionen Jahren. Und irgendwann in der Mitte dieses Umlaufes ist der Umkehrpunkt erreicht. Dann kann nicht mehr kleiner ausgegliedert werden, weil bei jeder Ausgliederung automatisch auch die Lichtanteile weniger werden. Es galt, diesen Punkt vor dem regulären Umkehrpunkt zu testen, wenn ich das einmal so sagen darf."

Die Schöpfungen Allvaters

„Warum wollte Luzifer das tun? Wollte er sich bei seinem Vater beliebt machen?"

„Ein großer Schöpfer muss sich nicht beliebt machen. Das ist eine rein irdische Sichtweise."

„Also war das ein Akt für die Schöpfung an sich?"

„Genau. Es sollte einer weisen Vorausplanung dienen, denn damit würde viel Not, in die Wesen mit zu wenig Lichtanteilchen gehen würden, vermeidbarer sein.

Luzifer war aber weise genug, um einzuschätzen, dass für ihn eine große Gefahr darin lag."

„Welche Gefahr drohte ihm dabei?"

Die Schöpfungen Allvaters

„Er musste dazu die lichte Welt verlassen und vollumfänglich in die dichte Welt eintauchen. Sonst hätte er diese Erfahrungen nicht einleiten können."

„Eine schwere Entscheidung."

„So siehst du, dass es nicht in seiner Absicht lag, bei seinem Vater eine Sonderstellung einzunehmen. Er wollte im Rahmen geltender Gesetzmäßigkeiten dem gesamten Schöpfungsumlauf einen großen Dienst erweisen."

„Also ist sein Bild in der Welt nicht richtig?"

„So ist es. Es ist nicht vollständig."

Die Schöpfungen Allvaters

„Warum wird er als gefallener Engel bezeichnet?"

„Er hat dann jegliches Maß zum Einklang zu geltenden Gesetzmäßigkeiten verloren."

„Warum?"

„Das war eine Folge des Lichtverlustes. Er fand auch Gefallen an der dichten Welt und stellte die Gesetzmäßigkeiten des Lichtes in Frage. Sein Sohn tat ein Übriges dazu, weil er ja das Licht gar nicht kannte, und auch nicht vermochte, in diesem Licht zu leben.

Somit agieren nun beide dem Wirken des Lichtes entgegen."

Die Schöpfungen Allvaters

Satan als Sohn von Luzifer

„Luzifer gliederte, so wie Christus-Schöpfer-Vater, ebenfalls einen Sohn aus."

„Und warum ist Satan, also der Sohn Luzifers, nicht mehr so vollkommen, wie Jesus Christus?"

„Satan wurde viel später als Jesus Christus ausgegliedert. Er war zwar noch ein Kind des Lichtes, wurde aber direkt in die dichte Welt hinein ausgegliedert."

„Also ist Luzifer nicht mit Satan gleichzusetzen."

„Nein. Leider werden beide als eine Wesenheit dargestellt. Es ist Vater und Sohn. Beide wirken in der dichten Welt.

Die Schöpfungen Allvaters

„Beachte: Die dichte Welt ist nicht abgekoppelt vom Licht. Es ist eher als eine Art Welt in Welt zu sehen. Grundsätzlich ist auch die dichte Welt immer im Licht eingebettet. Deshalb kann jeder die Tür zur lichten Welt aufmachen. Sie bleibt immer präsent. Jedoch muss die lichte Welt aus freien Stücken aufgesucht werden. Die dichte Welt ist hingegen voller Angebote und Verführungen, die vom Licht wegführen. Diesen kann man auch verfallen, so wie Satan."

„Interessant. Kannst du mehr darüber berichten?"

„Natürlich. Ausführlicheres wird in einem weiteren Buch folgen."

Die Gründung des Himmels

Die Gründung des Himmels

Die Schürfrechte

„Jonas, ich habe mich schon gefragt, woraus der Himmel erschaffen wurde, und ob das ein räumliches Gebilde ist. Geist ist schon vor dem Himmel vorhanden. Aber aus Geist kann keine Materie entstehen, oder?"

„Stimmt nicht ganz. Auch das Material im Urgrund, also die Substanzteilchen waren einmal vollwertige, lichte Energie. Einigen wurde vor langen Zeiten aus einer vorherigen Rückgliederung eines Schöpfungsumlaufes die Lebensenergie entzogen, weil sie trübe und unrein waren, also von der großen, reinen Gemeinschaft abgesondert werden mussten. Deshalb wurde ihnen das lichte Leben entzogen.

Die Gründung des Himmels

So erlischt das Licht (und das Leben im Lichtanteilchen). Zurück bleibt Stoff in Form von Substanzteilchen.

Damit ist es aber nicht verloren, sondern dient wieder späteren Umläufen als Baustoff. Somit ist alles immer wieder dem Kreislauf in einer eigenen Art zuträglich."

„Das macht Sinn, braucht aber einen weitreichenden Überblick über die jetzt folgende Himmelsgründung hinaus."

„Ja, du siehst, es wird schnell sehr komplex. Neben dem Licht befindet sich also im Urgrund die beschriebene Art Stoff, oder gleichnamig die Substanz. Diese ist der menschlichen Physik nicht bekannt, und bildet das absolut kleinste Teilchen, welches wirklich nicht mehr teilbar ist.

Die Gründung des Himmels

Dieses Teilchen ist Grundlage für alles, was im späteren Schöpfungsumlauf an Materie zur Gestaltung und Formgebung, bis hin zur grobstofflichen Materie gebraucht wird."

„Sozusagen ein Grundbaustoff?"

„Ja. Wir nennen das den Schürfgrund."

„So wie auf der Erde in einer Mine geschürft wird?"

„In der Entsprechung kann man das so anwenden. Dort ist auch zunächst ein Erz die Grundlage aus dem später etwas gewonnen wird. Und auch dieses Erz ist irgendwann einmal entstanden".

„Könnte jeder Geist darin so herumschürfen?"

Die Gründung des Himmels

„Nein. Hier wird eine sogenannte Schürflizenz vergeben."

Ist das auch so wie auf der Erde?"

„Aber ja, das ist richtig."

„Wer bekommt diese Schürflizenz?"

Schürfen kann nur ein absolut vollkommener, sehr hoher Geist. Hier ist das Allvater. Der zuerst entstandene, vollkommene Schöpfergeist.

Eine Schürflizenz kann nur einmal vergeben werden! Allvater darf eine, von ihm selbst festgelegte Menge Substanz dem Urgrund entnehmen.

Die Gründung des Himmels

Damit gestaltet er den gesamten Schöpfungsumlauf. Er grenzt damit einen Raum (Das Himmelsgewölbe) aus dem Urgrund ab."

„Wie eine große Arena?"

„Wenn es deiner Vorstellung dient, so in etwa."

„Wie oft kann das gemacht werden?"

„Ein einziges Mal nur. Dann läuft das 35 bis 40 Billionen Jahre."

„Muss die Menge an Substanzteilchen reichen, oder kann Allvater sich einen Nachschlag abholen, wenn er sich verschätzt oder übernommen hat?"

„Ein Nachschlag ist nicht möglich."

Die Gründung des Himmels

„Das geht dann wohl nicht mal eben so aus der Hüfte, oder?"

> „Nein. Allvater hat in hoher Verantwortung dafür Sorge zu tragen, dass das geschürfte Material für diese lange Zeit ausreicht, und die damit verbundene Vielfalt insgesamt nicht zu kurz kommt."

„Wie kann Allvater einschätzen, wieviel Stoff gebraucht wird? Das ist doch ein sehr hohes Risiko."

> „Das ist eben seine Verantwortung. Aber bleib hier ganz gelassen. Niemand, außer Allvater könnte darüber befinden."

„Hätte er sich weigern können, dieses Risiko zu übernehmen?"

Die Gründung des Himmels

„Dazu gäbe es keinen Anlass. Er übernimmt den Forschungswillen der größten Bewusstseinskette und stößt das Forschen selbst auch mit an. Sollte er dann kneifen? Das ergäbe keinen Sinn."

„Der Himmel ist also dann ein Raum?"

„Ja, anders als der Urgrund, welcher keinen beschreibbaren Raum einnimmt, sondern unermesslich in seinen Dimensionen ist.

Spekulationen über Größenordnungen sollten ohnehin unterbleiben. Sogar unser Christus-Schöpfer-Vater lässt von solchen Irritationen ab."

Der große Schöpfungsumlauf

Der große Schöpfungsumlauf

Der Sinn

„Der Schöpfungsumlauf ist ein großer Bewährungsweg des Lichtes. Licht will sich, wie dir inzwischen bekannt ist, selbst erfahren. Licht hat das Bestreben zu forschen und seine Strahlkraft zu stärken."

„Was ist, wenn sich das Licht im Umlauf nicht stärken kann?"

„Dann wird es unter Umständen sogenanntes, fragwürdiges Licht."

„Was heißt genau fragwürdiges Licht?"

„Fragwürdig bedeutet, der Frage noch würdig sein. Also einer Prüfung zu unterziehen."

Der große Schöpfungsumlauf

„Also noch nicht abgeschrieben, wie Menschen es ausdrücken würden?"

„Nein. Nichts geht verloren. Alles wandelt sich. Hier tritt dann eine Zwischenstufe ein. Die Umwandlung in Substanz. Es ist dann nötig, dass es sich erneut bewährt.

Der lichte Anteil wird abgetrennt und aufbewahrt. Das, was bleibt, ist ein Substanzkern. Licht ist durch diesen Prozess nicht unbrauchbar, sondern aufgeteilt worden in Energieanteil und Substanzanteil. Die Substanzteilchen dienen dem kommenden Schöpfungsumlauf als Bausubstanz. Dort können sie sich wieder bewähren und ihr Licht bei der Rückkehr in den Urgrund wiedererlangen, sofern sie wieder genügend Strahlkraft gewonnen haben.

Der große Schöpfungsumlauf

Das erklärt den Bewährungsgang des Lichtes im Umlauf.

Sie haben eine grundlegende, stabilisierende Funktion im Himmel und werden wieder an Reinheit und Strahlkraft mittels Entwicklung in einem erneuten Umlauf als Baustoff gewinnen. Eine erneute Beurteilung findet bei der Rückkehr in den Urgrund statt."

„Eine weitere Chance also?"

„Chance würde ich da nicht ansetzen. Es ist etwas ganz Normales. Und das Licht wird sich auch immer wieder bewähren und vollwertig werden."

Der große Schöpfungsumlauf

„Ist das Licht vor unserem derzeitigen Umlauf
fragwürdig in den Urgrund zurückgekehrt?"

„Nein, es ist vollwertig strahlend aus diesem Umlauf gekommen. Zu bedenken ist
aber, dass Allvater keinen Baustoff hätte,
wenn es gar keine Substanzteilchen gäbe."

„Folgt daraus, dass es immer diffuse Lichtanteilchen bei der Rückkehr geben muss?"

„Ja und nein. Substanzteilchen können auch
eingelagert sein. Sie müssen nicht unbe-
dingt aus einem vorausgegangenen Umlauf
stammen, sondern können aus sehr viel
früheren Umläufen kommen.

Die Verteilung in einem neuen Umlauf ist
nicht 50 zu 50. Licht ist mehr am Umlauf
beteiligt als der Baustoff für den Himmel."

Der große Schöpfungsumlauf

„Welcher Verteilerschlüssel liegt dem zugrunde?"

„Das ist nur Allvater bekannt, denn nur er weiß um den Bedarf an Substanz und Lichtanteilchen für seinen Umlauf."

„Kann man diffuses Licht näher beschreiben?"

„Es ist nicht schlecht, aber auch nicht gut genug in der Strahlkraft. Es ist nicht schlecht genug, um in Substanz gewandelt zu werden, aber auch nicht gut genug für eine wertvolle Urgrundanreicherung."

„Wozu ist das so wichtig?"

„Alle Bewegung des Geistes, alles Bemühen, alle Werte und Erfahrungen gelangen in den Urgrund zurück.

Der große Schöpfungsumlauf

Der Urgrund kann nur das weitergeben, was er aus einem Umlauf zurückerhalten hat. Darum ist es wichtig, dass sich das Licht vor einer Rückkehr im Umlauf bewährt hat."

„Ist das Licht in unserem derzeitigen Umlauf noch in voller Strahlkraft oder schon diffus?"

„Unser Licht ist immer noch in voller Strahlkraft."

„Wie wird nach dem Umlauf das Licht beurteilt?"

„Allvater fühlt in der Berührung jedes einzelnen Teilchens dessen Qualität.

Der große Schöpfungsumlauf

In Erfüllung ihres Daseins verhalten sich die Lichtanteilchen unterschiedlich ihrer gewonnenen Qualität gemäß. Entweder sind sie harmonisch oder disharmonisch."

„Was macht eine gute Qualität aus?"

„Ausgeglichene, harmonische Bewegungen sind ein wichtiges Wesensmerkmal. Freude und Liebesfähigkeit zeigt sich durch ein gleichmäßiges Pulsieren auf besondere Art.

Eine diffuse Strahlung würde den Eigenantrieb des Lichtes, aus sich selbst heraus entstehen zu wollen, kaum umsetzen können. Es bräuchte Anstoß von außen. Da von außen kein Anstoß erfolgen kann (woher auch) würde das Licht nicht mehr aus sich heraus erwachen."

Der große Schöpfungsumlauf

„Was macht eine schlechte Qualität noch aus?"

„Diese zeigt sich über Beschwernis. Bewegungen sind langsam, bedächtig, unerfüllt, noch suchend und unentschlossen.

Insgesamt wird damit beurteilt, ob das Licht für den nächsten Umlauf fähig ist.

Was sich nicht bewähren konnte, wird, wie schon beschrieben, ausgesondert."

„Wer prüft das Licht, wenn es zurückkehrt?"

„Wie gesagt, die Rückführung obliegt Allvater ganz allein, denn er trägt die hohe Verantwortung dafür."

Der große Schöpfungsumlauf

Der Bewährungsweg des Lichtes

„Grundsätzlich gilt: Im Umlauf geht Licht immer automatisch in eine Bewährungsphase. Denn Licht will nicht nur den ursprünglichen Zustand erreichen, sondern Strahlkraft hinzufügen, und damit auch eine mögliche, schlechte Gesamtbilanz aufwerten."

„So, wie Menschen sich in der Schule des Lebens verbessern wollen?"

„Genau. Auch ein Erstklässler trägt das Bedürfnis zur Verbesserung seines Selbst schon in sich."

„Ein absolut normaler Entwicklungsweg also."

„Ja. Das Licht macht es nicht anders."

Der große Schöpfungsumlauf

„Mir wird jetzt klar, warum die Entwicklung des Lebens so viel Zeit braucht. Nichts kann übersprungen oder ausgelassen werden. Alles muss durchlebt werden. Auch das Licht unterliegt diesem Lebensprinzip. Alles unterliegt somit Fehlern und den sogenannten Zwischenprüfungen."

„Sehr gut bemerkt. Menschen hingegen wollen alles schnell umsetzen. Sie warten keine Zwischenergebnisse ab, prüfen nicht genug und hecheln schnellen Ergebnissen hinterher.

Es geht dabei auch um die Mischungen der Eigenschaften, welche sich manchmal nicht bewähren und wieder aufgelöst werden müssen. Alles das kostet Zeit.

Der große Schöpfungsumlauf

Das, was Strahlkraft genannt wird, ist das innerste Selbst.

Die winzigen, von Allvater zu prüfenden, Reaktionen vor der Rückkehr in den Urgrund liegen im Eigenbereich als der innere Kern der Lichtanteilchen.

Das, was aus dem Kern strahlt, ist mithin auch das Ergebnis aus allen Lebenswegen des derzeitigen Umlaufes und zusätzlich noch aller vorangegangenen Umläufe.

Im Urgrund ist nach der Auflösung des Lichtes in seine Anteile also die Summe aller Umläufe präsent."

Grundsätzliches

Grundsätzliches

Ausgliederung von Wesenheiten

„Jede Ausgliederung aus einem Schöpfenden kann nur eine geringere Kapazität innehaben als der Schöpfende."

„Wie kommt das?"

„Bei einer Ausgliederung wird ein Teil aus einer Wesenheit abgegeben.

Bei einer Geburt tritt, sozusagen, eine Vervielfältigung ein. Zwei unterschiedliche Geschlechter vereinen ihre genetischen Anteile. Daraus entsteht ein neues Wesen. Geboren wird ausschließlich auf der menschlichen Ebene.

Grundsätzliches

Das ist auch erklärend für den Umstand, dass Wesenheiten immer geringer in ihrer Kapazität werden. Damit ist auch klar, dass es irgendwann einmal nicht mehr möglich ist, weitere Wesen auszugliedern, weil die Lichtanteilchen dabei auch weniger werden, und dann nicht mehr in der Lage sind, eine Suche nach etwas Höherem aus sich selbst anzustoßen."

„Führt der große Zyklus des Lichtes alles wieder zurück in den Urgrund?"

„Richtig. Dies ist für jeden großen Zyklus des Lichtes so vorgegeben."

„Aber Menschen sind doch, weil sie sich vervielfältigen, davon ausgenommen, oder nicht?"

Grundsätzliches

„Wie kommst du darauf? Gerade habe ich erklärt das dies für *ALLE* Wesenheiten gilt. Folglich auch für Menschen, weil sie das Licht in sich tragen. Hier geht es um die Ausgliederung des Lichtes an sich. Da es auch der Mensch in seinem Innersten trägt, ist auch seine Kapazitätsgrenze einmal erreicht."

Grundsätzliches

Der Sinn geistigen Lebens

„Jonas, Menschen suchen immer gerne nach einem Sinn. Kannst du etwas zum Sinn des geistigen Lebens sagen?"

„Dem Licht an sich liegt ein Forschungsdrang inne. Das entsteht noch nicht in der Aufwachphase und anschließender Bewusstseinsbildung. Erst das volle Bewusstsein kann diesen Forscherdrang anstoßen."

„Warum forscht das Licht denn überhaupt? Es könnte doch in seinem Paradies, dem Urgrund, bleiben, oder?"

„Paradies ist eine irdische Vorstellung. Das Licht kennt diesen Begriff nicht.

Grundsätzliches

Licht hat den Forschungswillen grundsätzlich als Anlage in sich. Dieser kommt allerdings erst bei vollem Bewusstsein zum Tragen."

„Das genügt mir nicht."

„Licht ist erst in seiner Anspannungsphase in vollem Bewusstsein. Natürlich auch über sich selbst. Sollte es sich nun damit begnügen, im Urgrund zu bleiben? Das wäre dem Licht nicht gemäß, weil es sich aus dem Bewusstsein über sich selbst dann auch erfahren möchte."

„Das könnte es doch jetzt schon tun."

„Nein. Licht ist geistige Energie. Geist braucht Bindung an Wesenheiten, um sich zu erfahren."

Grundsätzliches

„So viel Aufwand, um sich selbst zu erfahren."

„Das könnte so gesehen werden. Allerdings ist auch diese Ansicht aus menschlichem Begriffsverständnis hergeleitet.

Und dazu ist noch ganz wichtig, dass die Liebe grundlegend dazugehört. Diese Liebe verströmt sich in alle Wesenheiten hinein. Auch in alles, was Allvater, Gott und Jesus geschaffen hat. Egal, ob in der rein geistigen Welt oder im Schöpfungsumlauf des Lichtes im Himmelsgeschehen. Auch der Forschungswille treibt diese Liebe an. So ist klar, dass alle Wesenheiten einschließlich Menschen, ihren gottgegebenen Verstand im Sinne der Liebe des Himmels gebrauchen sollten."

Grundsätzliches

Wir gehören alle dazu

„Ich sehe großen Trost in deinen Ausführungen, Jonas. Niemand geht verloren. Das verbreitet in mir eine große Gelassenheit gegenüber allem Unvermögen auf dieser Erdenwelt."

„Das freut mich. Ich denke auch, dass du damit ein tiefes Verständnis für Menschen hast, die Ungerechtes tun, anderen schaden und so weiter. Sie können es noch nicht besser."

„Ich weiß. Andere sind auch nicht besser oder schlechter als ich. Sie handeln gemäß ihrer derzeitigen Entwicklungsstufe. So wie ich auch."

„Die Suche nach Gott war für mich wie die Suche nach Gold. Beschwerlich, aber am Ende ertragreich."

Vorschau

Weitere Filme und Bücher

Das Wirken von Luzifer im Schöpfungsumlauf

Die Abstufungen der Wesenheiten auf der Bühne des Lebens

Das Prinzip wandernder Seelen

Gesetzmäßigkeiten Gottes im Himmel

Bedeutungsvolles aus der Welt der Schöpfung

Begriffserklärungen

Urgrund

Wird häufig auch als Urmeer bezeichnet.

Heimat der absoluten Liebe.

Licht

Die reinste Form von Energie und Liebe.

Nicht ergründbar für Menschen.

Licht beinhaltet Energie und Substanz.

Horizonte

Entspringt räumlichem Denken. Horizontlos ist etwas Unvorstellbares. Menschen denken immer in Grenzen oder Schubladen.

Allvater

Zentral wirkender, erster Schöpfergeist. Aus dem hohen Bewusstsein des Urgrundes ausgegliedert.

Luzifer

Wird oft auch als Fürst der Welt bezeichnet.
Als Widersacher ist er dem göttlichen Wirken entgegengerichtet.

Himmel

Eingerichteter Raum im Urgrund als Entwicklungsgebiet des großen Schöpfungsumlaufes.
Die sogenannte Bühne des Lebens.

Schöpferengel

Hohe Lichtwesen. Erster Lichtengel ist Allvater.

Schürfrecht

Die „Lizenz" aus dem Urgrund Substanz entnehmen zu dürfen. Nur Allvater hat sie.

Begriffserklärungen

Übergeordnetes Betrachten
Neben sich stehendes Betrachten und zusätzlich
von oben sehen. Nicht im Geschehen involviert.

Fühlen / Denken / Wollen
Spannungszustände, die in jedem Lichtanteilchen
vorhanden sind und nur im Ausgleich zur Vollkommenheit finden.

„Ich bin"
Erstes Fühlen des eigenen Ichs.
Der Anfang des Egos. Zunächst ohne Bewertung.

Strukturelles Sein
Hoher Geistzustand der größten Lichtkette.
Sie entwickelt aus dieser Ordnung erste Gesetz-
mäßigkeiten des Lebens.

Kapazität

Bewertung niedrigeren oder höheren Geistes.

Beschreibt auch die Menge der Lichtanteilchen.

Heimgang Allvaters

Alles gliedert sich zurück bis hin zu Allvater.

Er geht dann selbst in den Urgrund ein (zurück).

Dabei trägt er alle Lichtanteilchen des gesamten

Umlaufes zurück in den Urgrund; übergibt sie

dem Urgrund.

Werte

Wachstum der Bemühungen um lichtes Leben.

Danke für deine Zeit

Ich würde mich sehr freuen, wenn du hier etwas für dich entnehmen konntest. Auf meiner Autorenseite beantworte ich im Blog auch gerne deine Fragen. **www.gespräche-mit-jonas.de**

Mit lieben Grüßen
Wolfgang Nicolaus